Sitzungsberichte
der Akademie der Wissenschaften
der DDR
Gesellschaftswissenschaften

Jahrgang 1981 · Nr. 9/G

Eberhard Poppe

Sozialistisches Recht und Wissenschaft

AKADEMIE-VERLAG · BERLIN
1982

Vortrag von Eberhard Poppe, Ordentliches Mitglied
der Akademie der Wissenschaften der DDR,
in der Sitzung der Klasse Gesellschaftswissenschaften
I am 11. Juni 1981

Herausgegeben im Auftrage
des Präsidenten der Akademie
der Wissenschaften der DDR
von Vizepräsident Prof. Dr. H. Scheel

ISSN 0138-4015
Erschienen im Akademie-Verlag, 1086 Berlin, Leipziger Str. 3—4

Lizenznummer: 202 · 100/49/82
Gesamtherstellung: VEB Druckhaus Köthen
Bestellnummer: 754 026 6 (2010/81/9/G) LSV 0425
Printed in GDR
DDR 2,— M

Seit den siebziger Jahren gibt es in der DDR eine verstärkte Hinwendung zur Selbstanalyse der Wissenschaft, ihrer Funktion und Organisation. Davon legt eine umfängliche Literatur Zeugnis ab.[1]

Für den Juristen ist auffällig, daß die sich herausbildende Wissenschaftsdisziplin Wissenschaftswissenschaft oder Wissenschaftstheorie das sozialistische Recht nicht oder kaum erwähnt. Diese Abstinenz ist umso befremdlicher, weil die Praxis wissenschaftlicher Tätigkeit durch vielfältige Beziehungen zum Recht gekennzeichnet ist.

Dazu nur zwei Beispiele aus einem kürzlich im „Neuen Deutschland" veröffentlichten Artikel. Unter der Überschrift „Wie wird Produktivität der geistigen Arbeit erhöht?" schreibt der Verfasser u. a.: „Im Extremfall fehlender Leistungen sollte auch im Bereich der Wissenschaft in stärkerem Maße als bisher mit einer Abberufung gearbeitet werden." Und einige Zeilen weiter: „Meiner Meinung nach ist besonders im Bereich der Wissenschaft mit ihrem besonders hohen Anteil schöpferischer Arbeit die Stärkung der Eigenverantwortlichkeit und der größeren Entscheidungsfähigkeit ein wichtiger Stimulus für höchste Leistungen."[2] Unabhängig davon, mit welcher Konsequenz man beiden Thesen in der Praxis folgt, geht es nur auf rechtlicher Grundlage. Ob Abberufung eines Wissenschaftlers (Hochschullehrers), ob höhere Eigenverantwortung oder größere Entscheidungsräume für Forschungskollektive, ihre Leiter oder Mitglieder, als Mittel der Orientierung und der Konfliktenentscheidung ist das Recht unentbehrlich. Zusammen mit moralischen und ökonomischen Regulativen gestaltet es sozialistische Beziehungen in und zwischen wissenschaftlichen Kollektiven und Einrichtungen wie auch zur Praxis und wirkt willkürlichen, subjektivistischen und anarchischen Handlungen und Tendenzen entgegen. Für gewöhnlich verhindert schon die Existenz rechtlicher Regelungen Verhalten und Handlungen, die die Arbeitsordnung und -atmosphäre beeinträchtigen, zu Verunsicherungen und Ungerechtigkeiten führen könnten. Die Notwendigkeit des Rechts bei der Gestaltung von Wissenschaftsbeziehungen ist m. E. unbestreitbar und auch unbestritten. Als Wissenschaftler haben wir uns zu fragen, ob wir uns dieser Tatsache schon hinreichend bewußt sind. Die Juristen haben sich zusätzlich zu fragen, ob es hinreichend gelingt, Rechtswirkungen zu erzielen, die dem spezifischen Gegenstand Wissenschaft adäquat sind, zumal der

X. Parteitag der SED (April 1981) deutlich gemacht hat, daß der Wissenschaft für die weitere Entwicklung unserer Gesellschaft insgesamt und der Volkswirtschaft im besonderen entscheidende Bedeutung zukommt. Dabei geht es nicht nur um den angemessenen Rechtsinhalt, sondern auch um die Regelungsform und -methode, den effektiven Regelungsmechanismus.

Hier sollen einige *Erwartungen* skizziert werden, die die Wissenschaft an das sozialistische Recht richten kann. Das ist zugleich ein selbstkritischer Beitrag zu der noch andauernden Diskussion über das Selbstverständnis der Wissenschaft, selbstkritisch dergestalt, daß das Recht in seiner Position zur Wissenschaft sicherlich deutlicher artikuliert werden muß, vor allem seine unterstützende Funktion für die Wissenschaft.

Meines Erachtens wird das Verhältnis Sozialistisches Recht — Wissenschaft von zwei Komponenten geprägt:

1. davon, daß die Staats- und Rechtswissenschaft selbst Teil der Wissenschaft und das Recht Ausdruck wissenschaftlicher Erkenntnis ist; und

2. davon, daß das Recht der Orientierung, der Förderung und dem Schutz der Wissenschaft und der wissenschaftlich Tätigen zu dienen hat.

Beide Komponenten, vornehmlich aber die zweite, sollen hier umrissen werden.

Zunächst einige Bemerkungen zur ersten Komponente, daß die Staats- und Rechtswissenschaft selbst Teil der Wissenschaft und das Recht Ausdruck wissenschaftlicher Erkenntnis ist. Hier beschränke ich mich auf thesenhafte Aussagen, weil diese Fragen in unserer Klasse allein in den letzten Jahren mehrfach erörtert wurden.[3]

Für das zu behandelnde Thema sind drei Aspekte erwähnenswert:

1. Der Marxismus-Leninismus hat mit der Entdeckung der objektiven Gesetze der gesellschaftlichen Entwicklung auch für die sozialistische Staats- und Rechtswissenschaft das Fundament ihres wissenschaftlich begründeten Handelns gelegt. Damit ist nicht allein gemeint, daß das Recht seinem von Marx und Engels enthülltem Wesen entsprechend als der zum Gesetz erhobene Wille der herrschenden Klasse[4] gehandhabt wird. Das geschieht auch in den vorsozialistischen Klassengesellschaften und der Beitrag der offiziellen Staats- und Rechtslehre dabei war und ist es, dieses Klassenwesen zu rechtfertigen, z. B. mit dem Gottesgnadentum des absoluten Monarchen, der Gottgewolltheit der bestehenden Ordnung oder zu verhüllen, z. B. hinter formaler Rechtsgleichheit. Der Anspruch auf Wissenschaftlichkeit der marxistisch-leninistischen Staats- und Rechtslehre besteht darin, daß sie ihren schöpferischen Beitrag dazu leistet, daß der sozialistische Staat und das Recht optimal der Verwirklichung der vom Marxismus-Leninismus aufgedeckten gesellschaftlichen Gesetzmäßigkeiten dienen, das Recht also so gestaltet wird, daß es nach Inhalt und Form die Verwirklichung wissenschaftlicher Erkenntnis mit seinen spezifischen Möglichkeiten unterstützt. Es ist z. B. unzureichend, die ökonomische oder technische Lösung eines Problems einfach in die äußere Form eines Normaktivaktes zu kleiden. Sie muß in die ihr gemäße Rechtsform, in entspre-

chende juristische Kategorien transponiert werden. Das erforderliche oder mögliche menschliche Verhalten ist in Rechten und Pflichten festzulegen, es sind Verhaltensstimulanzen zu regeln und Verantwortlichkeiten zu bestimmen. Die Rechtswissenschaft hat die Gesetzmäßigkeiten von Rechtsinhalt und -form, der Effektivität der Rechtsform, der Gewährleistung der Verwirklichung und Einhaltung des Rechts und seiner Normen gründlich auszuarbeiten und muß die soziale Bedingtheit solcher Gesetzmäßigkeiten als Teil ihrer Forschung sehen.[5]

2. War zunächst von der sozialistischen Staats- und Rechtswissenschaft und ihrer Möglichkeit wissenschaftlich begründeten Handelns bei der Staats- und Rechtsgestaltung und -entwicklung die Rede, so ist weiter festzustellen, daß auch das geltende sozialistische Recht selbst und seine Verwirklichung Ergebnis wissenschaftlicher Analyse und Verallgemeinerung sind. Sozialistisches Recht wird von Fachexperten der zu regelnden Materien mit Hilfe von Juristen ausgearbeitet und vor seiner Beschlußfassung demokratischer Beratung verschiedener Formen (bis hin zur Volksaussprache bedeutsamer Gesetzentwürfe) unterworfen. Der Prozeß der Rechtssetzung, Rechtsverwirklichung und Rechtssprechung bietet genügend Spielraum, damit alle Wissenschaften ihre spezifischen Erkenntnisse zur Verwirklichung objektiver Erfordernisse durch das sozialistische Recht einbringen können, Recht und Rechtsanwendung wissenschaftlich fundiert sind. Hier gilt sinngemäß die Feststellung von Kröber, Laitko und Seickert: „Die Durchsetzung der sozialistischen Demokratie bei der Ausarbeitung, Diskussion und Formulierung von Programmen wissenschaftlicher Tätigkeit ist daher eine wesentliche Grundlage für die Zielorientierung und -identifizierung".[6]

3. Aus den beiden bisher skizzierten Aspekten könnte die Gleichung folgen: Sozialistisches Recht ist vom Staat für allgemein verbindlich erklärtes, wissenschaftlicher Erkenntnis folgendes Verhalten zur Verwirklichung objektiver Gesetzmäßigkeiten.

Aber diese Gleichung ist unvollständig und insofern unrichtig. Wie bereits festgestellt, ist Recht der zum Gesetz erhobene Wille der herrschenden Klasse, das sozialistische Recht also Willensausdruck der Arbeiterklasse und ihrer Verbündeten zur Verwirklichung ihrer Klassenziele. Der wissenschaftliche Inhalt des sozialistischen Rechts muß sich mit dem politischen verbinden. Marx und Engels haben darauf bereits im „Kommunistischen Manifest" hingewiesen, indem sie die materiellen Lebensbedingungen der herrschenden Klasse als maßgeblichen Indikator für den Klassenwillen nannten[7], der im Recht seinen Ausdruck findet und indem sie das Recht als eine Erscheinung des Überbaus charakterisierten[8]. Somit hat das sozialistische Recht die ökonomischen und anderen gesellschaftlichen Entwicklungsbedingungen und -tendenzen, die nationale und internationale Kräftekonstellation, den Bewußtseinsstand und die Einsichtsfähigkeit seiner Adressaten (und seiner Schöpfer), das Wirken tradierter Gewohnheiten und Ansichten zu verarbeiten. Es steht das der Forderung und dem Bestreben nicht entgegen, daß das sozialistische Recht wissenschaftlicher Erkenntnis Ausdruck gibt, relativiert sie aber insoweit, daß die Gleichung lauten muß: Sozialistisches Recht ist Ausdruck wissenschaftlich begründeter Politik der herrschenden Arbeiterklasse und ihrer Verbündeten und regelt auf der Grundlage wissenschaftlicher Erkenntnis das unter den gegebenen gesellschaftlichen Umständen politisch Mögliche und Notwendige. Es wäre illusionär anzunehmen oder sogar zu fordern, daß das sozialistische Recht neugewonnene wissenschaftliche Erkenntnisse unvermittelt und voraussetzungslos als gesellschaftliches oder individuelles Verhalten regelt. Das sozialistische Recht als Willensausdruck der Arbeiterklasse und ihrer Verbündeten kann nur auf die Anwendung, Umsetzung und Nutzung solcher wissenschaftlichen Erkenntnisse orientieren,die den ethischen Prinzipien der Volksherrschaft entsprechen (z. B. im Bereich der Genforschung, der Euthanasie) und den jeweils gegebenen materiellen und bewußtseinsmäßigen Voraussetzungen. Unser theoretischer wissenschaftlicher Erkenntnisstand auf dem Gebiet der Mikroelektronik ist höher als unser praktisches Anwendungsvermögen und wir wissen z. B. auch, daß nur sozialistische und kommunistische Erziehung und Ausbildung die optimalen Voraussetzungen zur Gestaltung des gesellschaftlichen Fortschritts schafft, unser Recht, insbesondere das Bildungsrecht, ist davon geprägt. Wir wissen, daß religiöse Bekenntnisse anachronistisch sind. Dennoch verankert die Verfassung im Artikel 20 und 39 die Glaubens- und Bekenntnisfreiheit und stellt sie unter strafrechtlichen Schutz. Nur scheinbar ist hier das sozialistische Recht inkonsequent und befindet sich im Widerspruch zu seinem Anspruch auf Wissenschaftlichkeit. Als Ausdruck wissenschaftlich begründeter Politik der herrschenden Arbeiterklasse orientiert das Recht auf ein den objektiven Gesetzmäßigkeiten entsprechendes Verhalten. Aber innerhalb dieses Rahmens läßt es Raum für eine von den gesellschaftspolitischen Umständen determinierte schrittweise und auch selektive Anwendung wissenschaftlicher Erkenntnisse, für die allmähliche Lösung bestehender Widersprüche zwischen wissenschaftlicher Erkenntnis und gewohnheitsmäßigem Verhalten, gibt Raum auch für Kompromisse, um dem humanistischen strategischen Ziel zu entsprechen, mit allen Menschen und für alle Menschen die sozialistische Gesellschaft immer vollkommener zu gestalten.[9]

Abschließend sei zu dieser ersten Komponenten des Verhältnisses von Recht und Wissenschaft festgestellt: Das sozialistische Recht ist unentbehrlich, weil es die Möglichkeit bietet, die Verwirklichung politischer Aufgaben- und Zielstellungen wie auch wissenschaftlicher Erkenntnisse als allgemeinverbindlich für alle Adressaten zu normieren, auf ein Verhalten zu orientieren, das wissenschaftlicher Erkenntnis gemäß ist, das durch die rechtliche Regelung wiederholbar, vergleichbar, meßbar und notfalls auch erzwingbar ausgestaltet wird.

Allerdings wird noch von den Möglichkeiten und auch Grenzen des Rechts im Hinblick auf die Verhaltensnormierung im Bereich wissenschaftlicher Tätigkeit gesprochen werden müssen. Sicher kann die erzieherische, die verhaltensorientierende Funktion des Rechts auch in diesem Bereich wirksam werden, aber sind hier auch solche Rechtskriterien anwendbar wie Allgemeinverbindlichkeit, Generalisierbarkeit, Wiederholbarkeit, Vergleichbarkeit und Erzwingbarkeit eines bestimmten Verhaltens? Die Beantwortung dieser Frage muß sich aus der zweiten Komponente im Verhältnis Recht — Wissenschaft ergeben, die die summarische Überschrift tragen könnte: Das sozialistische Recht im Dienst der Wissenschaft.

Es ist nicht meine Absicht, in die philosophische Diskussion über den Wissenschaftsbegriff einzugreifen[10], Bernal hat m. E. zurecht eine formelhafte Definition dieser vielschichtigen Erscheinung abgelehnt.[11] Ich gehe hier von der breiten und dynamischen Wissenschaftsauffassung aus, wie sie Werner Kalweit formuliert hat: „Die Wissenschaft ist ihrem Wesen nach revolutionär. Sie entwickelt sich in evolutionärer Anreicherung des Wissens und in revolutionären Fortschritten der Erkenntnisse, in wissenschaftlichen Entdeckungen. Ob nun evolutionärer Fortschritt oder revolutionärer Sprung im Erkenntnisfortschritt der Wissenschaft — entscheidend ist immer der Erkenntnisgewinn an Neuem, bisher Unbekanntem."[12] Hier ist zu untersuchen, wie dieser Prozeß der Schaffung und Anwendung von Wissenschaft die Unterstützung des sozialistischen Rechts finden kann. Dabei sei zunächst auf eine Frage eingegangen, die in einer früheren Klassendiskussion aufgeworfen wurde, ob das sozialistische Recht eine eigenständige Wissenschaftskonzeption besitzt. Meines Erachtens ist diese Frage zu verneinen. Das Recht hat die Verwirklichung der vom Willen der herrschenden Arbeiterklasse und ihrer Partei geprägten Wissenschaftskonzeption der Gesellschaft zu unterstützen, die im „Programm der Sozialistischen Einheitspartei Deutschlands" u. a. in folgenden Feststellungen zum Ausdruck kommt: „Die Sozialistische Einheitspartei Deutschlands zählt die Förderung der Wissenschaft zu ihren wichtigsten Aufgaben. Die Wissenschaft leistet einen ständig wachsenden Beitrag zur planmäßigen Vervollkommnung der Produktion und zur Entwicklung des materiellen und geistig-kulturellen Lebens aller Werktätigen. Sie fördert den Wohlstand, die Gesundheit und die geistigen Bedürfnisse der Menschen im Sozialismus.

Die Politik der Sozialistischen Einheitspartei Deutschlands ist deshalb darauf gerichtet, die Wissenschaft planmäßig und langfristig zu entwickeln, damit ihr fortschrittsfördernder und humanistischer Charakter voll zur Wirkung gelangen kann."[13] Im sozialistischen Recht kann nicht ein eigenständiges, sondern muß das Wissenschaftsverständnis der politisch-moralisch geeinten sozialistischen Gesellschaft Ausdruck finden. In diesem Zusammenhang ist jedoch anzumerken, daß die marxistisch-leninistische Staats- und Rechtswissenschaft spezifische Erkenntnisse einzubringen hat, *wie* das sozialistische Recht zur Verwirklichung der Wissenschaftspolitik der Partei, der Wissenschaftskonzeption der Gesellschaft in effektiver Weise beitragen kann. Wie jede Wissenschaftsdisziplin hat sie die Pflicht, ihre Position zur Gesamtwissenschaft zu bestimmen, um ihre Mittel, Möglichkeiten und Methoden planvoll in den Dienst der Wissenschaft zu stellen. Folgerichtig hat der Rat für staats- und rechtswissenschaftliche Forschung in den Jahren 1977 und 1978 Fragen von Staat, Recht und wissenschaftlich-technischem Fortschritt beraten[14], und es ist hier die Frage legitim, welche Erwartungen können im Hinblick auf die Wissenschaft, ihrer Tätigkeit und Wirksamkeit mit dem sozialistischen Recht verknüpft werden.

Meines Erachtens sind es drei Wirkungsrichtungen des Rechts, die hier zu behandeln sind, etwa unter den Stichworten Orientierung, Förderung und Schutz der Wissenschaft, wissenschaftlicher Tätigkeit und des Wissenschaftlers durch das Recht.

Das könnte sicherlich subtiler oder auch anders gegliedert werden, mir geht es darum, die Ausgangsthese aufzuhellen, daß zwischen dem sozialistischen Recht und der Wissenschaft vielfältige Beziehungen bestehen. Dabei sei ausdrücklich hervorgehoben, daß diese Beziehungen immer durch Menschen, ihr Bewußtsein und Handeln vermittelt und verwirklicht werden, selbst dann, wenn eine sogenannte juristische Person der unmittelbare Adressat einer Rechtsvorschrift ist. Die *Menschen* wenden wissenschaftliche Erkenntnisse an, das Recht kann dazu Anstöße geben, dabei Wege ebnen oder sie prophylaktisch schützen und vor Schaden bewahren. Weil die Rechtswirkungen auf die Wissenschaft also maßgeblich vom dort gegebenen subjektiven Faktor abhängig sind, sollen vor allem unter dieser Sicht zu den drei Wirkungsrichtungen einige Feststellungen getroffen und Probleme dargelegt werden.

1. Da wäre zunächst von der Orientierungsfunktion des Rechts im Hinblick auf die Wissenschaft zu sprechen. Diese Orientierungsfunktion findet in zumindest zweifacher Weise Ausdruck. Zum einen umfaßt unser geltendes Recht Normen, die das generelle Wissenschaftsverständnis der Gesellschaft zum Ausdruck bringen und alle Adressaten auf ein entsprechendes Verhalten orientieren. Das geschieht z. B. durch Artikel 17 Ziff. 1 der Verfassung der DDR: „Die Deutsche Demokratische Republik fördert Wissenschaft, Forschung und Bildung mit dem Ziel, die Gesellschaft und das Leben der Bürger zu schützen und zu bereichern. Dem dient die Vereinigung der wissenschaftlich-technischen Revolution mit den Vorzügen des Sozialismus.“ Solche Normen wie auch die Tatsache, daß Wissenschaft, Bildung und Kultur von der Verfassung zu den Grundlagen der sozialistischen Gesellschafts- und Staatsordnung gezählt werden (Art. 17 u. 18), wenden sich nicht nur an die Wissenschaftler, sondern wollen alle Gesellschaftsmitglieder auf den hohen gesellschaftlichen Stellenwert der Wissenschaft orientieren. Zum anderen enthält unser Recht eine Vielzahl Normen, die — in sich differenziert — Aufgaben und Ziele für Wissenschaft und Wissenschaftler regeln, prognostische, langfristige, schwerpunktmäßige und alltägliche.

Hier ist z. B. das in sich abgestimmte und auch abgestufte System der Pläne zu nennen, vom 5-Jahrplan bis zum betrieblichen Plan Wissenschaft und Technik. Kurt Hager sagte dazu: „Wie in der Volkswirtschaft und in den anderen Bereichen unserer Gesellschaft, so ist auch in der Forschung der Plan das wichtigste Instrument zur Durchsetzung unserer Politik. Mit Hilfe des Planes setzen wir die anzustrebenden Ziele, steuern wir das erforderliche Entwicklungstempo, die Nutzung der erreichten Ergebnisse und damit insgesamt die Effektivität der Arbeit.“[15] Da klingt schon an, worauf der Jurist mit Nachdruck hinweisen muß: Der Plan ist ein juristisches Dokument mit verpflichtenden Aufgaben und Zielregelungen. Genosse Willi Stoph stellte dazu auf dem X. Parteitag der SED ganz eindeutig fest: „Grundlegendes Gesetz des Handelns aller Staatsorgane sind die staatlichen

Pläne, die kontinuierlich mit hoher Disziplin durchzuführen und allseitig zu erfüllen sind."[16] Die juristische Verbindlichkeit mag — vor allem, weil wir die Erfüllungspflicht als politisch-moralisches Postulat verinnerlichen und auch mangels ausgewiesener Sanktionen im Plangesetz — nicht vordergründig sichtbar sein. Aber auf seiner Grundlage existieren die Pläne der großen gesellschaftlichen Bereiche der Kombinate, Betriebe, Einrichtungen usw. und jeder Leiter, jedes Forschungskollektiv sieht sich juristischen, moralischen und materiellen Konsequenzen konfrontiert, wenn der Plan Wissenschaft und Technik oder der Zentrale Plan der gesellschaftswissenschaftlichen Forschung nicht termin- und qualitätsgerecht erfüllt wird. Als juristische Konsequenzen sind hier neben Disziplinarmaßnahmen auch die auf rechtlicher Grundlage basierende Kürzung oder Versagung von Forschungs- und Prämienmitteln, die Nichtgewährung von Steigerungsstufen usw. gemeint. Planfestlegungen sind ebenso rechtsverbindlich[17] wie zahlreiche andere Rechtsvorschriften, die ständige und alltägliche Aufgaben, Ziele und Pflichten der wissenschaftlichen Arbeit und des Wissenschaftlers zum Inhalt haben, es kann hier die „Verordnung über die Berufung und die Stellung der Hochschullehrer an den wissenschaftlichen Hochschulen" vom 6. November 1968[18] ebenso genannt werden wie die Verordnung über das Statut unserer Akademie[19], in deren § 1 es u. a. heißt, daß sie ihr Forschungspotential auf prognostisch abgeleitete, strukturbestimmende Gebiete der Natur- und Gesellschaftswissenschaften konzentriert, die Entwicklung des wissenschaftlichen Lebens der DDR formt und fördert.

Wenn hier als eine Wirkungsrichtung des sozialistischen Rechts die aufgaben-, ziel- und verhaltensorientierende Funktion genannt wird, so ist zugleich der zu vereinfachten und damit falschen These zu widersprechen, daß erst das sozialistische Recht die Wissenschaft zum Regelungsgegenstand habe. Auf diesem Feld ist schon das bürgerliche Recht umfangreich wirksam, erinnert sei an Regulative zur Forschung auf militärischem Gebiet, zur Lenkung, Auslese und Förderung wissenschaftlicher Kader, zum Patent- und Geheimnisschutz. Neu ist nicht die Einwirkung des Rechts auf die Wissenschaft. Neu ist, daß das sozialistische Recht als Instrument einer Gesellschaft, deren Entwicklung auf einer wissenschaftlichen Gesellschaftsprognose basiert, sich qualitativ neuen Ansprüchen zu stellen hat, es muß einen größeren Zeithorizont, eine intensivere gesellschaftliche Verflechtung und ein neues und wachsendes Demokratieverständnis verarbeiten. Weite Bereiche, die der Kapitalismus primär der Steuerung durch den Mechanismus der Erzielung von Profit und Surplusprofit überläßt, wie z. B. die Ausbildung und Verteilung der Masse der wissenschaftlichen Kader, der Ansetzung von Forschungsaufgaben und des Einsatzes von Forschungsmitteln, sind nicht zuletzt durch das sozialistische Recht bewußt zu steuern. Kurt Hager stellt dazu fest: „Gerade darin besteht ja der große Vorzug unserer sozialistischen Ordnung, daß wir die Möglichkeit haben, Wissenschaft und Technik im Maßstab der gesamten Gesellschaft zu planen ..."[20] Dieser unbestreitbare Vorzug verbindet sich aber mit dem qualitativ neuen Anspruch an das Recht, adäquate Regelungsmechanismen und -methoden zu entwickeln. Es wird davon noch zu sprechen sein.

Hier soll noch ein Blick auf eine Formel geworfen werden, wie sie häufig in bürgerlichen Verfassungen zu finden ist, z. B. im Artikel 5 des Grundgesetzes der BRD: „Kunst und Wissenschaft, Forschung und Lehre sind frei. Die Freiheit der Lehre entbindet nicht von der Treue zur Verfassung.“ Auch unsere Verfassung von 1949 enthielt den Satz: „Die Kunst, die Wissenschaft und ihre Lehre sind frei“ (Art. 34).

Unter den Grundrechten und -freiheiten der Bürger in unserer Verfassung ist eine solche Regelung nicht zu finden. Bei der Ausarbeitung der Verfassung 1968 ging es uns darum, die Bedingungen herauszuarbeiten, die die Voraussetzung für freies wissenschaftliches und kulturell-künstlerisches Schaffen sind. Das ist vor allem in den Artikeln 17 und 18 sehr solide geschehen, z. B. mit der Verpflichtung zur allseitigen staatlichen Förderung von Wissenschaft, Bildung und Kultur, zur Pflege des Kulturerbes und der Weltkultur, zum Schutz vor Mißbrauch der Wissenschaft. Eine solche Grundsatzregelung ist einer sozialistischen Verfassung angemessen, weil sie sich nicht auf die unverbindliche Verkündung von Freiheiten beschränkt, sondern dem Bürger ihre Verwirklichung sichert. Ein solches Herangehen entspricht auch dem Gebot der „Internationalen Konvention über wirtschaftliche, soziale und kulturelle Rechte“: „Die teilnehmenden Staaten dieser Konvention verpflichten sich, die für die wissenschaftliche Forschung und schöpferische Tätigkeit unerläßliche Freiheit zu achten“ (Art. 15 Ziff. 3)[21]. Aber seit der Annahme der Verfassung hat es Entwicklungen gegeben, haben wir neue Einsichten gewonnen und können z. B. auch feststellen, daß die Verfassung der UdSSR von 1977 folgende Regelung enthält: „Entsprechend den Zielen des kommunistischen Aufbaus wird den Bürgern der UdSSR die Freiheit des wissenschaftlichen, technischen und künstlerischen Schaffens garantiert. Diese Freiheit wird gesichert durch umfassende Verwirklichung der Forschung, der Erfinder- und Rationalisatorentätigkeit, durch die Entwicklung von Literatur und Kunst ...“ (Art. 47). Bei einer Novellierung unserer Verfassung wäre m. E. eine analoge Regelung im Konnex mit den Grundrechten der Bürger zu treffen, das würde auch in diesem Bereich den persönlichen Freiheitsraum des Bürgers deutlicher werden lassen.

2. Die zweite hier zu nennende Wirkungsrichtung habe ich unter das Stichwort der Förderung der Wissenschaft durch das Recht gestellt. Im Kern geht es um die Rechtswirkungen, die ein möglichst reibungsarmes, effektives Tätigsein der Wissenschaft zur Erfüllung der gesellschaftlichen Ziele und Aufgaben ermöglichen. Es ist dies die umfang- und auch problemreichste der drei erwähnten Wirkungsrichtungen. Die Materialfülle läßt es nur zu, Hauptkonturen dieser Wirkungsrichtung nachzuzeichnen, wiederum als Erwartungen, die die Wissenschaft an das sozialistische Recht richten kann. Solche Erwartungen sind hier vor allem, daß das Recht beizutragen hat

— zur Förderung wissenschaftlicher Tätigkeit und des wissenschaftlich Tätigen einschließlich der leistungsgerechten Bewertung und Anerkennung der Ergebnisse wissenschaftlicher Tätigkeit;

— zur Gestaltung wissenschaftsadäquater Leitungs- und Organisationsstrukturen und -beziehungen (einschließlich der Regelung der Verantwortungs- und Entscheidungsbereiche) unter Anwendung der Prinzipien der sozialistischen Demokratie;

— zur Verwirklichung einer effektiven nationalen und internationalen Wissenschaftskooperation und Zusammenarbeit von Wissenschaft und Praxis;

— zur Unterstützung bei der Überleitung und Anwendung neuer wissenschaftlicher Erkenntnisse.

Es ist nicht möglich, hier zu illustrieren, *wie* das Recht diesen vier sehr komplexen Erwartungen entspricht. Jeder kann aus eigenem Erfahrungsbereich ableiten, daß das im beträchtlichen Maß geschieht. Die große Mehrzahl der durch das sozialistische Recht gestalteten Förderungs- (und auch Leitungs-)maßnahmen sind so alltäglich und selbstverständlich, daß wir ihren Rechtscharakter nicht oder nur im Konfliktfall wahrnehmen. Das gilt für die inhaltliche und organisatorische Regelung des wissenschaftlichen Arbeitsprozesses, der für individuelle Gestaltung eine große rechtliche Toleranzbreite an Selbständigkeit bietet, das gilt — einem aufwendigen Berichtswesen zum Trotz — hinsichtlich des eher zu konzilianten Verantwortlichkeitsgrades für die Resultate in Ausbildung und Forschung, das gilt für die besonderen Förderungsmaßnahmen der Intelligenz im sozialen Bereich (erhöhter Versicherungsschutz im Falle von Krankheit, Invalidität und Alter usw.) und für großzügige Förderungen des wissenschaftlichen Nachwuchses bzw. für Zusatzstudien, Studienaufenthalte von Wissenschaftlern im Rahmen der nationalen und vor allem internationalen Wissenschaftskooperation. Es könnten noch viel mehr Regelungsfelder, -maßnahmen und -beispiele wissenschaftsfördernden Charakters genannt werden. Sie sind in diesem Kreis hinreichend bekannt. Nur auf eines sei etwas ausführlicher verwiesen. Unter den wissenschaftsfördernden Rechtsinstrumenten verdienen hier die vom Wirtschaftsrecht entwickelten und geregelten Verträge Hervorhebung, insbesondere der Koordinierungsvertrag auf wissenschaftlich-technischem Gebiet und der Vertrag über wissenschaftlich-technische Leistungen.[22] Es sind dem spezifischen Gegenstand, nämlich z. B. die wissenschaftliche Zusammenarbeit verschiedener Kombinate, Betriebe und Einrichtungen zu gestalten, bestimmte wissenschaftliche Ergebnisse zu erbringen oder zu überführen, adäquate Rechtsformen. Innerhalb der demokratisch erarbeiteten und mit der Beschlußfassung verbindlichen Planaufgabe gibt der Vertrag den potentiellen Partnern die Möglichkeit willensübereinstimmende Bedingungen und wechselseitige Rechte und Pflichten auszuhandeln. Dazu gehören auch so diffizile und nicht selten strittige Fragen wie die Verantwortung bzw. Mitverantwortung von Betrieb und Wissenschaftler für die Überführung eines Ergebnisses in die Produktion, die Bewertung der wissenschaftlich-technischen Leistung (nach Preis oder Gesamtaufwand), die Terminvereinbarung, die schutzrechtliche Sicherung, die Gewährleistung der Rechtsmängelfreiheit, die Rechtsfragen bei Vertragsänderung, -aufhebung oder Vertragsverletzung. Wenn ich diese Details aufzähle, so um deutlich zu machen, daß das Recht in Gestalt des Vertrages dem Wissenschaftler und Wissenschaftskollektiv hinreichende Toleranz zur Beachtung und Würdigung seiner spezifischen Arbeitsbedingungen bietet. Gleichzeitig soll damit der Auffassung widersprochen werden, die im Recht nur die Gesamtheit von Rechtsregeln sieht und verkennt, daß Rechtsnormative das rechtliche Instrumentarium in Gang setzen, der Vertrag so zum eigenständigen rechtlichen Gestaltungsmittel wird. Gerade der Vertrag kann ausschließen, daß einmalige wissenschaftliche Leistungen nach dem Schema einer allgemeinverbindlichen Preisliste bewertet werden oder daß eine ursprünglich vereinbarte wissenschaftliche Zielstellung auch dann noch weiter bearbeitet wird, wenn offenkundig ist, daß sie durch andere Entwicklungen überflüssig wurde. Ein Wissenschaftler muß sich der Tatsache bewußt sein, daß nicht alle Bewertungskriterien wissenschaftlicher Tätigkeit in Rechtsnormen festgeschrieben werden können, weil es auf Kosten wissenschaftlicher Kreativität geschähe. Der Spezifik und Dynamik wissenschaftlicher Tätigkeit entspricht am ehesten die Flexibilität von Verträgen, deren Rahmen und Hauptkriterien rechtlich geregelt sind.

Damit wird zugleich der Illusion einer absoluten Vertragsfreiheit widersprochen, die es in der Welt ebenso wenig gibt wie absolute Freiheit. Zu den rechtlich verbindlichen Vorgaben für Wissenschaftsverträge gehören die Planaufgaben, Rahmennormative für die Leistungsbewertung und in bestimmten Fällen auch die Pflicht zum Vertragsabschluß. Je nach dem Grad der persönlichen Betroffenheit und Bewußtheit mag man das als Einschränkung der Vertragsfreiheit empfinden oder als eine rechtliche Garantie dafür, daß wissenschaftliche Tätigkeit produktiv und gesellschaftlich nützlich werden kann.

In dem Maße wie Wissenschaftsverträge und -vereinbarungen als vom Recht gebotene Instrumentarien genutzt werden, um wissenschaftliche Tätigkeit mit gesellschaftlichen Aufgaben und Zielen homogen zu verbinden, werden auch häufig auftauchende Probleme in den Beziehungen der Wissenschaft zu den Partnern in angemessener Weise eingeordnet und eben der Lösung zugeführt, auf die das Recht primär orientiert, nämlich der willensübereinstimmenden Klärung durch die sachkundigen Kontrahenten, die ein gemeinsames Ergebnis erreichen wollen bzw. müssen. An wenigen Beispielen sei aufgehellt, wie hierbei das Recht wissenschaftsfördernd (und auch problemlösend) eingesetzt werden kann. Unter der Sicht der o. a. Wissenschaftsverträge, die gleichzeitig eine Form von Wirtschaftverträgen sind, aber auch arbeitsrechtlicher Verträge (bis hin zu Einzelverträgen für hervorragende Wissenschaftler) halte ich z. B. Reinhard Moceks Feststellung für zu absolut. Er schreibt: „Daß wir offensichtlich keine solchen, den einzelnen Wissenschaftler wirklich stimulierenden objektiven Zwänge zur Kreativität haben, könnte ein Zeichen dafür sein, daß unser Wissenschaftssystem noch nicht genügend in die sozialökonomische Struktur unserer Gesellschaft einbezogen ist, daß es noch nicht umfassend in die objektiven gesetzmäßigen Zusammenhänge der sozialistischen Gesellschaft integriert ist.“[23] Mocek mag hier die relativ abstrakte wissenschaftliche Tätigkeit als Maßstab sehen, wie sie in Akademien, Universitäten und Hochschulen ohne vertragliche Bindung möglich ist und auch bleiben sollte. Aber auch in diesen Einrichtungen und noch ausgeprägter im industriellen Forschungsgeschehen wird das Wissenschaftssystem mittels der Verträge zunehmend in die sozialökonomische Struktur unserer Gesellschaft einbezogen. Die Wissenschaftstheorie muß dieser konzeptionellen Orientierung mehr Beachtung schenken, will sie orientierend wirken und nicht am realen Geschehen vorbeitheoretisieren.

Zu der immer wieder aufgeworfenen Frage nach „der einheitlichen Bewertung des Inhalts der wissenschaftlichen Resultate“[24] oder auch der Verantwortung für die Überführung wissenschaftlicher Resultate in die Produktion[25] bietet das Recht — wie mir scheint — vernünftige sachbezogene Elastizität. Es überläßt — im vorgegebenen Rahmen der Planaufgaben und weiterer Rechtsnormative — die definitive Einzelbewertung und -entscheidung der Vertragsparteien. Wertbemessungen und Überführungsprozesse werden von so vielen und so dynamischen Faktoren (z. B. der internationalen Wissenschafts-, Wirtschafts- und Patententwicklung, der Materialwirtschaft, der Energiesituation, der technologischen Erfahrung usw.) bestimmt, daß ohnehin jede abstrakte Formel oder allgemeingültige Regel dazu Aussagen einschließlich müßte, die den ganzen Vorgang letztlich der Disposition der Partner überlassen. So beschränkt sich das Recht auf Rahmennormative.

Hier sei noch auf eine Frage hingewiesen, bei der wiederum das Recht in Gestalt vertraglicher Vereinbarung hilfreich und zuzeiten auch unerläßlich ist. Wir haben es uns angewöhnt, davon auszugehen, daß Wissenschaft auf gleicher sozialistischer Eigentumsgrundlage betrieben wird, das „Fehlen divergierender Eigentümerinteressen gestattet somit auch im Bereich der Wissenschaft die Herstellung größerer Rationalität ...“[26] Das ist vollkommen richtig, gemessen am Wissenschaftsgeschehen unter imperialistischen Monopol- und Konkurrenzbedingungen. Dennoch darf nicht erwartet werden, daß das sozialistische Eigentum automatisch harmonische und widerspruchsfreie Beziehungen hervorbringt, gibt es doch erhebliche divergierende partielle Interessen. Schon innerhalb größerer Wissenschaftseinrichtungen bedarf es rechtlich fundierter Arbeitsordnungen, Benutzerordnungen oder anderer Leitungsmaßnahmen, damit z. B. die gemeinschaftliche Gerätenutzung und -auslastung gewährleistet und das sozialistische Arbeitsklima gewahrt wird. Bei unterschiedlich zugeordneten Einrichtungen ist die vertragliche Vereinbarung häufig der optimale und einzige Weg, um ein wenig ausgelastetes Gerät breiterer Mitnutzung zugängig zu machen und aus dem Fehlen divergierender Eigentümerinteressen auch entsprechenden Nutzen zu ziehen. (Angemerkt sei hier noch, daß zudem die kapitalistischen Eigentums- und Profitinteressen empfindlich auch auf unsere wissenschaftliche Arbeit durchschlagen, wenn wir uns nicht durch rechtliche Maßnahmen gegen Brain-Drain, Wirtschaftsspionage usw. sichern und eine fundierte und prognostische Schutzrechtsarbeit und Lizenzpolitik betreiben.)

Das Plädoyer für die Wissenschaftsverträge wird hier vorgetragen, um ihre Bedeutung als adäquate und flexible Rechtsform für Wissenschaftstheorie und -praxis deutlicher zu machen. Aber nicht nur deshalb. Verträge vermögen keineswegs alle theoretisch oder sozialökonomisch ungeklärten Probleme zu lösen, aber die Analyse der Vertragsverhandlungen und -inhalte bietet reiches Material dafür, welche wiederkehrenden Fragen und Probleme in verallgemeinerter Form geregelt werden können oder auch vertiefter (und dann nicht immer durch die Rechtswissenschaft) untersucht und vorgeklärt werden müssen.

Einige dieser Fragen und Probleme seien genannt, um sie den Anregungen von Vertretern anderer Disziplinen zu überantworten. Es sind Probleme, für die das Recht und die Rechtswissenschaft keine, noch keine oder keine hinreichende Lösung und Antwort haben. Das hat unterschiedliche Ursachen. Es sind z. B. sehr unikate oder psychologisch vielschichtige Entwicklungsprozesse, so sind die Kriterien des Rechts nicht paßfähig, um die Entwicklung eines Genies zu regeln. Es sind Latenzen in der Gesellschafts- und Wissenschaftsentwicklung, bei denen die allgemeinverbindliche Regelung der einen oder anderen Variante voreilig oder gar schädlich wäre. So ist heute niemand bereit, eine Regelung zu verantworten, die dem Wissenschaftsanliegen Umweltschutz absolute Priorität vor der Erhöhung des materiellen Wohlstandes und diesem wiederum vor den Verteidigungsleistungen gibt. Die internationale Klassenauseinandersetzung, die Bedrohung des Sozialismus durch imperialistische Hochrüstungs- und Aggressionspolitik zwingt zu Kompromissen in der Prioritätswahl, die auch die wissenschaftsfördernde Wirksamkeit des Rechts bestimmen. Wenn hier einige Probleme bei der Förderungsfunktion des Rechts gegenüber der Wissenschaft dargelegt werden, so nicht nur, um Grenzen des Rechts deutlich zu machen, sondern auch deshalb, weil es gilt, bessere juristische Mittel zu ihrer Lösung zu finden oder weil es zu erkennen gilt, daß ein Problem mit juristischen Mitteln nicht lösbar ist, allenfalls zeitweilig kaschiert werden kann.

Herbert Hörz hat in einem Plenarvortrag darauf hingewiesen, daß die Diskussion heute vor allem um das wissenschaftliche Schöpfertum geführt wird und dazu festgestellt: „Wissenschaftlich-schöpferische Tätigkeit fordert also Wissen über die objektiven Möglichkeiten, die Probleme und ihre bisherigen Lösungen, Können des Wissenschaftlers, sein bisheriges Wissen so zu kombinieren, daß eine schöpferische Idee entsteht und die Kenntnis der praktischen Realisierbarkeit der Idee."[27] Wissenschaftliches Schöpfertum ist damit eine sehr komplexe Erscheinung, die vom Recht nicht dekretiert und erzwungen, bestenfalls gefördert werden kann. Um gänzlich neue wissenschaftliche Resultate zu entdecken, bedarf es weltanschaulicher, psychologischer Motivationen und charakterlicher und geistiger Dispositionen des Forschers, die zum beträchtlichen Teil außerhalb des rechtlichen Wirkungsradius liegen.[28] Aber einige der bekannten und unentbehrlichen Voraussetzungen für wissenschaftliches Schöpfertum können durch rechtliche Normative bzw. ihnen folgender individueller vertraglicher Vereinbarung verbindlich und kontrollfähig ausgestaltet werden. So kann das Recht fördernd und fordernd dazu beitragen, an wissenschaftliches Schöpfertum heranzuführen, die unerläßlichen Vorstufen zu sichern, die Auslese zu erleichtern. Das geschieht z. B. tausendfach nach rechtlich fixierten Anforderungen beim Übergang von der Oberschule zum Studium, beim Erwerb akademischer Grade oder durch die arbeits- oder forschungsvertragliche Fixierung von Verpflichtungen, Verantwortungen und auch Sanktionen. Dabei hat die in den letzten Jahren anwachsende Zahl von Autoren sicherlich recht, die kritisieren, daß „der rechtliche und der ökonomische Zwang zur wissenschaftlich-technischen Höchstleistung ungenügend ausgestaltet ist, daß der kompromißlose, ehrliche Vergleich mit dem Weltstand gescheut wird“, die „rechtliche und ökonomische Konsequenzen sowohl bei hervorragender Erfüllung als auch bei Nichterfüllung“, „wirksame Stimulierungen zur Erreichung von Spitzenleistungen, die rechtlich verbindlich und durchsetzbar sein müssen“, fordern[29]. Im Kern geht es wohl darum, das Recht stärker zur Legitimation und Orientierung anzuwendender ökonomischer Stimuli und Zwänge einzusetzen. Folgt man diesen Forderungen, muß man sich ihrer sozialen Konsequenzen und Problematik bewußt sein. Stimulierungen, die über das bisher Mögliche hinausgehen, müssen den Betrieben, Einrichtungen wie auch den an Spitzenleistungen beteiligten Werktätigen neue Verwertungsmöglichkeiten ihrer Arbeitsresultate eröffnen. Rechtliche Möglichkeiten leistungsgerechter finanzieller Anerkennung, der zusätzlichen Prämiierung, der Auszeichnung mit Orden und Preisen sind schon hinlänglich vorhanden. Was Zwänge und Sanktionen anbelangt, so ist m. E. für den juristischen Bereich primär darauf zu orientieren, die Skala gebotener Möglichkeiten auszuschöpfen. Hier fehlen nicht die rechtlichen Regelungen, sondern Mut, Gründlichkeit und Geduld bei ihrer Anwendung. Wobei nicht wenige Leiter eingeschüchtert durch die Tatsache sind, daß wir die soziale Sicherheit und Geborgenheit im Sozialismus verbürgen und das auch noch dort tolerieren, wo egoistischer Mißbrauch mit sozialistischen Prinzipien getrieben wird. So notwendig es ist, juristische Sanktionen vorzusehen und im Einzelfall auch zu verhängen, so liegt ihre Bedeutung im Bereich der wissenschaftlichen Arbeit wohl vor allem in der vorbeugenden, erzieherischen und exemplarischen Wirkung. Eine arbeitsrechtliche ohnehin sehr limitierte Schadensersatzleistung, eine Disziplinarstrafe, eine Vertragsstrafe erzwingen weder wissenschaftliches Schöpfertum noch ersetzen sie eine nicht erbrachte wissenschaftlich-technische Leistung. Auch im Bereich wissenschaftlicher Arbeit kann die juristische Sanktion nur ultimo ratio sein, Vorrang haben die ökonomischen und moralischen Stimuli. Hier wäre allerdings eine stärkere Wettbewerbssituation erstrebenswert, indem z. B. gleiche Aufgabenstellungen mit besonders hoher Risikobelastung mehrfach vergeben werden.[30]

Sicher wären noch andere Problem zu nennen, zu deren Lösung die wissenschaftsfördernde Rolle des Rechts weiter auszuprägen ist. So ist m. E. eine Weiterentwicklung der Normative notwendig, die Fragen der Leitung der Wissenschaft zum Gegenstand haben, um interdisziplinäre Forschung zu begünstigen und der kollektiven Beratung und Entscheidung wissenschaftsstrategischer Ziele von Kombinaten, Betrieben und Einrichtungen höheren Rang zu geben. Aber hier können weder alle Probleme genannt noch gelöst werden, mein Anliegen in diesem Punkt war es nur, wissenschaftsfördernden Möglichkeiten und Grenzen des Rechts sichtbar zu machen.

3. Im letzten Punkt will ich einige Bemerkungen zur dritten Wirkungsrichtung des Rechts im Verhältnis zur Wissenschaft vortragen, zu seiner schützenden Funktion. In ihrer Schrift über „Menschenrechte unter den Bedingungen des wissen-

schaftlich-technischen Fortschritts" schreiben Hermann und Grischa Klenner: „Aber wenn auch die Automatisierung die Fähigkeit des Menschen erweitert und ihm die Möglichkeit eröffnet, sich vom Zwang seiner technologischen Bindung an die Maschine zu befreien, so wäre es doch kurzsichtig zu übersehen, daß die wissenschaftlich-technische Revolution gleichzeitig auch die Bedrohung der Menschheit erhöht: der Atomreaktor in der Verfügungsgewalt eines aggressiven Staatsmannes ist unvergleichbar gefährlicher als sein Maschinengewehr. Es gibt keinen Automatismus vom wissenschaftlichen zum humanitären Progreß."[31] Und an anderer Stelle: „Der wissenschaftlich-technische Fortschritt vervielfacht die Sorgen der Menschheit, wenn er nicht mit dem gesellschaftlichen Fortschritt einhergeht. Andererseits vermag der gesellschaftliche Fortschritt die Hoffnungen der Völker nicht zu erfüllen, wenn er sich nicht mit dem wissenschaftlich-technischen Fortschritt verbindet."[32] Durch die sozialistische Gesellschaftsgestaltung wurden in der DDR die wesentlichen Voraussetzungen geschaffen, damit die Demokratie auch die Ökonomie durchdringt, Wissenschaft und Technik könen nicht mehr eingesetzt werden, um Kapitaleigentümern raffiniertere Mittel zu liefern, mit denen die Arbeiterklasse verschärfter ausgebeutet, das Arbeitslosenheer vergrößert wird.[33] Wie schon eingangs festgestellt, orientiert das Parteiprogramm auf eine Entwicklung der Wissenschaft, die ihren fortschrittsfördernden und humanistischen Charakter voll zur Wirkung gelangen läßt und Artikel 17 der Verfassung bestimmt: „1. Die Deutsche Demokratische Republik fördert Wissenschaft, Forschung und Bildung mit dem Ziel, die Gesellschaft und das Leben der Bürger zu schützen und zu bereichern. Dem dient die Vereinigung der wissenschaftlich-technischen Revolution mit den Vorzügen des Sozialismus ... 3. Jeder gegen den Frieden, die Völkerverständigung, gegen das Leben und die Würde des Menschen gerichtete Mißbrauch der Wissenschaft ist verboten."

Das sind für die sozialistische Rechtsgestaltung verbindliche Bestimmungen, auch für die schützende Funktion des Rechts hinsichtlich des Wirkens der Wissenschaft. Hier sind es vor allem drei Komponenten, die diese schützende Wirkungsrichtung des Rechts charakterisieren:

a) Das Recht hat dazu beigetragen, den Mißbrauch der Wissenschaft durch imperialistische Mächte zu menschheits- und menschenfeindlichen Zielen international und in seinen Auswirkungen auf unser Land einzudämmen oder zu verhindern. In diesem Bestreben sind wir allen einschlägigen völkerrechtlichen Abkommen beigetreten, so z. B. dem Vertrag über die Nichtweiterverbreitung von Kernwaffen vom 7. März 1972, der Konvention vom 10. April 1972 über das Verbot der Entwicklung, Herstellung und Lagerung von bakteriologischen (biologischen) und Toxin-Waffen und über ihre Vernichtung, dem Vertrag über das Verbot der Stationierung von Kernwaffen und anderen Massenvernichtungswaffen auf dem Meeresgrund und Ozeanboden und deren Untergrund vom 11. Februar 1971 u. v. a. und unterstützen alle friedenssichernden Maßnahmen. Dennoch muß man illusionslos feststellen, daß das Zustandekommen, die Verwirklichung und Einhaltung solcher Abkommen auf der Basis der Vereinten Nationen und zwischen Staaten verschiedener Gesellschaftssysteme weitgehend vom internationalen Klassenkräfteverhältnis bestimmt ist. So lange der Imperialismus existiert, kann weder internationales Recht noch das nationale Recht sozialistischer Staaten gänzlich ausschließen, daß er Wissenschaft sowohl generell als auch zum Nachteil sozialistischer Staaten und ihrer Bürger mißbraucht, die elektronisch betriebenen Versuche zur Desorientierung der Bevölkerung, zur Ausspionierung des sozialistischen Verteidigungssystems sind dafür Alltagszeugnisse.

b) Das Recht hat dazu beizutragen, die Gesellschaft und ihre Mitglieder vor negativen und ungewollten Auswirkungen und Begleiterscheinungen bei Anwendung weiterführender wissenschaftlich-technischer Erkenntnisse zu schützen. Das Feld ist weit. Es reicht von Rechtsschutzmaßnahmen bei Anwendung der Kernenergie, über den Arzneimittelschutz, dem Schutz vor Mißbrauch von gespeicherten persönlichen Daten, dem Gebot umweltfreundlicher bzw. -konformer Technologien bis zu Normativen über die Schutzgüte industrieller Erzeugnisse und den Gesundheits- und Arbeitsschutz. Es ist ein problemreiches Feld, auf dem Rechtssetzung und Rechtsverwirklichung partielle und auch divergierende Interessen zu beachten haben und seltener maximale Lösungen finden (z. B. Verkürzung der Arbeitszeit ohne Einkommensminderung, Umschulung von Arbeitskräften, um Arbeitslosigkeit durch wissenschaftlich-technischen Fortschritt zu vermeiden), häufiger nur einen Kompromiß, wie z. B. die gesetzliche Regelung von Grenzwerten für Staub-, Asche- und Abgasemissionen oder Lärmbelästigung. Das Recht gebietet dem Verursacher, noch nicht bewältigte gesundheitsbedrohende Nebenerscheinung des wissenschaftlich-technischen Fortschritts auf ein unschädliches oder erträgliches Maß zu begrenzen. Die damit verbundenen technischen Aufwendungen und Kontrollmechanismen relativieren wiederum den erreichten Fortschritt. Breite Erörterung verdiente Jürgen Kuczynskis folgende Betrachtung: „Wie gut haben es übrigens die Naturwissenschaftler, daß sie so viele ihrer Ideen einfach im Labor oder mathematisch überprüfen können. Die gesellschaftswissenschaftlichen Ideen werden oft erst in der Praxis des Lebens überprüft, am ‚lebendigen Objekt', und nicht, wie in der Medizin, an einem einzelnen Patienten, sondern an vielen Menschen, bisweilen an einem Volk!“[34] Geschichte und Gegenwart der Ausbeutergesellschaften geben Kuczynski recht. Ihr Manko, keine wissenschaftlich fundierte Gesellschaftstheorie zu besitzen, soll durch die Propagierung des Ideenpluralismus in der Gesellschaft überdeckt werden. Damit ist politischen Scharlatanen und Hasardeuren die Möglichkeit geboten, pseudowissenschaftliche Ideen des Faschismus, des Rassismus oder auch des Nullwachstums zu propagieren und zu praktizieren, die existenzbedrohend oder -vernichtend sind.

Die Verwirklichung weiterführender gesellschaftswissenschaftlicher Ideen ist für die Entwicklung des Sozialismus unerläßlich. Um dabei Risiken für die Gesellschaft und den einzelnen auszuschalten oder vertretbar zu halten, gibt es neben den politischen Garantien der führenden marxistisch-leninistischen Partei und der vom Volk geschaffenen Staatsmacht die rechtlichen Möglichkeiten, die die Anwendung neuer gesellschaftswissenschaftlicher Ideen und Methoden, z. B. die Bildung der

Kombinate, Agrar-Industrievereinigungen, Gemeindeverbände der Prüfung, Korrektur und Kontrolle durch eine breite und bewußt ausgeübte sozialistische Demokratie im Gesetzgebungsprozeß, im Einführungszeitraum und Anwendungsbereich unterwerfen. Staatshaftung, Schadenersatz- oder Versicherungsansprüche seien deshalb nur am Rande erwähnt, weil sie im gegebenen Zusammenhang weniger auf die Einführung neuer Ideen regulierend einwirken, sondern eher geeignet sind, negative Folgen auszugleichen.

c) Erwähnt sei schließlich auch, daß das Recht die Ergebnisse wissenschaftlich-schöpferischer Tätigkeit in From von Erfindungen, Neuerungen, wissenschaftlichen, künstlerischen oder literarischen Werken und die damit verbundenen Interessen ihrer Schöpfer schützt. Die entsprechende Regelung unserer Verfassung lautet: „Die Rechte von Urhebern und Erfindern genießen den Schutz des sozialistischen Staates ... Der Gebrauch von Urheber- und Erfinderrechten darf den Interessen der Gesellschaft nicht zuwiderlaufen“ (Art. 11 Ziffer 2 u. 3). Es geht hier weder um den allgemeinen Persönlichkeitsschutz, den das sozialistische Recht jedem Menschen gewährt, noch um den sozialen Schutz des Wissenschaftlers im Arbeitsverhältnis oder des freischaffenden Künstlers, Schriftstellers usw., der ihnen wie jedem Werktätigen arbeits- oder versicherungsrechtlich verbürgt ist. Es geht um den spezifischen Schutz, den das Erfinder-, Neuerer- oder Urheberrecht speziell solchen Leistungen angedeihen läßt, die durch wissenschaftlich-technische oder auch künstlerisches Schöpfertum entstanden sind. Die Resultate solcher Leistungen betrachtet die Verfassung gewissermaßen als geistiges Eigentum ihrer Schöpfer und regelt ihren Schutz demzufolge in unmittelbarem Zusammenhang mit dem Schutz des persönlichen Eigentums der Bürger. Nationales und internationales Recht gewähren den Erfindern und Urhebern solcher Werke innerhalb eines bestimmten Zeitraumes zahlreiche Ansprüche, so z. B. auf materielle Vergütung. Es kann hier nicht die Vielfalt und auch Kompliziertheit dieses Rechtsschutzes für den Wissenschaftler und seine Leistungen dargestellt werden. Erwähnenswert ist aber, daß die Idee dieses Rechtsschutzes zunächst unter Ausbeutungsverhältnissen entstanden ist, weil sie kapitalistischen Unternehmen die Möglichkeit bot, Mitkonkurrenten aus dem Felde zu schlagen und weil sie gleichzeitig für sozial nicht oder unzureichend gesicherte Wissenschaftler, Künstler, Literaten usw. Stimulanz war und noch ist. Zum ersten und wohl auch primären Aspekt ist lesenswert, was Norbert Wiener geschrieben hat, der das moralische Niveau des amerikanischen Patentrechts als sichtlich niedriger als das anderer Rechtsgebiete charakterisierte[35]: „Unsere großen Firmen sind in den letzten paar Jahren gezwungen worden, ihre alte Patentpolitik völlig umzustellen. Vor dem letzten Kriege ging eine große Firma gewöhnlich darauf aus, einen Ringwall von unbenutzten Patenten aufrechtzuerhalten, um die Tätigkeit mächtiger Konkurrenten einzuschränken und schwächere daran zu hindern, überhaupt zum Start zu kommen. Heute beschränken die Gesellschaften — vor allem wegen der Kartellisierungstendenzen im Kriege, aber mehr noch wegen des sehr großen Widerstandes des Obersten Gerichtshofes, in Patenten einen Akt echten Erfindens zu sehen — ihre Anstrengungen mehr auf die Sicherung der Freiheit ihrer eigenen zukünftigen Arbeit als auf die Lizenzgebühreneintreibung bei der Konkurrenz." Wiener nennt in diesem Zusammenhang ein Patent der USA einen „Fahrschein für einen Rechtsstreit", bei dem „ein starkes Patent in schwachen Händen stets weniger wirkungsvoll ist, als ein schwaches Patent in starken Händen".[36] Sieger bleibt als gewöhnlich das mächtigere Monopol.

Die stimulierende Funktion dieses Rechtsschutzes — moralisch und materiell ausgestaltet — ist auch in der sozialistischen Gesellschaft gegeben und notwendig. Sie ist nicht problemlos, weil vor allem im Bereich der Unterhaltungskunst herkömmliche Relationen von Aufwand (also persönlicher Leistung) und Einkommen (also Tantiemen für Aufführungsrechte) berechtigte Zweifel an der Anwendung des Leistungsprinzips auslösen. Aber in solchen Fällen kann wiederum mit Hilfe des Rechts, vor allem des Finanz- und Steuerrechts, auf soziale Gerechtigkeit wenigstens tendenziell hingewirkt werden. Viel problematischer ist die Tatsache, daß die Existenz des Kapitalismus, das von ihm primär aus gruppenegoistischen Motiven ersonnene Patent-, Lizenz-, Urheber- und Erfinderrecht bis heute weltweit bewirkt, daß sich wissenschaftlich-technischer Fortschritt nur ungleichmäßig, nur verzögert durchsetzen und verbreiten kann, nämlich nur im Maße wirtschaftlich-finanzieller Leistungskraft der Völker. International wirkt dieser Rechtsschutz zwiespältig und nicht selten objektiv gegen den wissenschaftlich-technischen und Menschheitsfortschritt.

Wenn hier vom Rechtsschutz für die wissenschaftlich-schöpferisch Tätigen gesprochen wird, so verdienen auch die Normative des Geheimnisschutzes Erwähnung. Eines ihrer Anliegen besteht bekanntlich darin, Wissenschaftler prophylaktisch vor Ausforschungen durch gegnerische Kräfte zu bewahren, die sie um die Früchte ihrer Arbeit betrügen und zudem ihre gesicherte Existenz bedrohen könnten. Dabei gilt es sicher, Norbert Wieners Erkenntnisse im Gedächtnis parat zu haben: „Dasjenige Land wird die größte Sicherheit haben, dessen informatorischer und wissenschaftlicher Stand hoch genug entwickelt ist, um auftretenden Anforderungen zu begegnen — das Land, in dem voll erkannt worden ist, daß Information wichtig ist als eine Stufe in dem unaufhörlichen Prozeß, durch den wir die Außenwelt beobachten und unsere Handlungen auf sie einwirken lassen. Mit anderen Worten: kein sorgfältig in Büchern und Abhandlungen niedergelegter und dann mit Geheimhaltungsvermerken in unseren Büchereien eingestellter Betrag wissenschaftlicher Forschung wird hinreichen, um uns auch nur für kurze Zeit in einer Welt zu beschützen, deren tatsächlicher Stand an Informationen sich ständig hebt. Es gibt keine Maginotlinie des Gehirns."[37] Und weiter heißt es bei ihm: „Sobald ein Wissenschaftler weiß, daß er auf ein Problem, das er angreift, eine Antwort gibt, ändert sich seine ganze Position. Er hat damit schon mehr als die Hälfte des Weges zu dieser Antwort hinter sich. Wenn man dies bedenkt, kann man durchaus sagen, daß das einzige die Atombombe betreffende Geheimnis, welches hätte gehütet werden sollen, das aber der Öffentlichkeit und allen möglichen Gegnern ohne die geringste Hemmung preisgegeben wurde, das Geheimnis der Möglichkeit ihrer

Herstellung war. Man greife ein Problem dieser Bedeutung auf und versichere der wissenschaftlichen Welt, daß es eine Antwort hat — sowohl die intellektuelle Fähigkeit der Wissenschaftler als auch die vorhandenen Forschungsmöglichkeiten sind soweit über die Welt ausgebreitet, daß die quasi unabhängige Lösung der Aufgabe überall in derWelt dann nur eine Frage weniger Jahre sein wird."[38]

Eine letzte Bemerkung zur schützenden Funktion des Rechts. Manche Passagen haben womöglich den Eindruck entstehen lassen, daß das Recht stärker dem Schutz vor der Wissenschaft und ihrem Mißbrauch bzw. ungewollten negativen Begleiterscheinungen dient als dem Schutz der Wissenschaft und des Wissenschaftlers. Falls dieser Eindruck entstanden ist, bin ich nicht gänzlich unglücklich darüber. Er ist zwar nicht gewollt, kann sich aber mit gewisser Zwangsläufigkeit ergeben. Das sozialistische Recht hat in erster Linie dem Wohle des Menschen zu dienen. Das ist seine vornehmste Aufgabe. Dieses Ziel bestimmt sein Verhältnis zur Wissenschaft. Zu diesem Ziel orientiert es die Wissenschaft, fördert sie und schützt sie und versucht, menschenfeindlichen und antisozialistischen Mißbrauch der Wissenschaft wie negative Begleiterscheinungen des wissenschaftlich-technischen Fortschritts zu unterbinden.

Eine abschließende Bemerkung: Auf dem X. Parteitag der SED führte Genosse Erich Honecker im ersten der 10 Schwerpunkte unserer ökonomischen Strategie der 80er Jahre aus: „Die Wissenschaft ist in eine neue Rolle und Verantwortung hineingewachsen. Ihre Verflechtung mit dem gesellschaftlichen Leben, insbesondere mit unserer Volkswirtschaft, hat ein qualitativ höheres Niveau erreicht. Jeder ernsthafte und tiefgreifende Fortschritt in der Entwicklung der modernen Produktivkräfte hat heute und in Zukunft seine Wurzeln in wissenschaftlichen Erkenntnissen. Daher muß der gesellschaftliche, der ökonomische Nutzen im Mittelpunkt wissenschaftlicher Aufgabenstellung stehen."[39] Damit wurde klar zum Ausdruck gebracht, daß die Aufgaben der Wissenschaft aus objektiven gesellschaftspolitischen und ökonomischen Konstellationen erwachsen. Staats- und Rechtswissenschaft und sozialistisches Recht stehen nicht neben diesem Geschehen, haben es nicht nur passiv zu registrieren und bestenfalls in rechtliche Normative zu transponieren. Sie haben dieses Geschehen mit eigenständigen Wirkungen zu unterstützen. In diesem Sinne wollte der Vortrag zeigen, daß das Recht ein unentbehrliches Instrument der Arbeiter- und Bauernmacht, des herrschenden Volkes ist, mit dem es bewußt zu arbeiten gilt, um Orientierung, Förderung und Schutz bei der Verwirklichung der Aufgaben der Wissenschaft zu geben.

Anmerkungen

1 Vgl. dazu u. a.: G. H. Dobrov, Wissenschaftswissenschaft, Berlin 1969; H. Hörz, Marxistische Philosophie und Naturwissenschaften, Berlin 1974; A. Kosing, Wissenschaftstheorie als Aufgabe der marxistischen Philosophie, Berlin 1967; G. Kröber, H. Laitko, Sozialismus und Wissenschaft, Berlin 1972; J. Kuczynski, Wissenschaft

und Gesellschaft, Berlin 1972; drs. Studien zur Wissenschaft von den Gesellschaftswissenschaften, Berlin 1972; ders. Wissenschaft Heute und Morgen, Berlin 1973; R. Mocek, Gedanken über die Wissenschaft, Berlin 1980; Wissenschaft — Stellung. Funktion und Organisation in der entwickelten sozialistischen Gesellschaft, Berlin 1975.

2 W. Berger, Wie wird Produktivität der geistigen Arbeit erhöht? Neues Deutschland vom 14./15. 3. 1981, S. 10.

3 Vgl. dazu u. a. U. J. Heuer, Die gesellschaftliche Wirksamkeit des Wirtschaftsrechts, Sitzungsberichte der AdW der DDR, 11 G 1979, Berlin 1979; E. Poppe, Marx und die Rechte der Menschen, Sitzungsberichte der AdW der DDR, 8 G 1976, Berlin 1976; E. Poppe, H. Such, Sozialistischer Staat, sozialistisches Recht und objektive, gesellschaftliche Gesetze, Sitzungsberichte der ADW der DDR, 14/1974, Berlin 1975; H. Such, Stabilität des sozialistischen Rechts und gesellschaftliche Entwicklung, Sitzungsberichte der AdW der DDR, 9 G 1976, Berlin 1976; W. Weichelt, E. Poppe, U. J. Heuer, Sozialistisches Recht und Demokratie, Sitzungsberichte der AdW der DDR, 3 G 1981, Berlin 1981.

4 K. Marx, F. Engels, Werke, Bd. 4, Berlin 1959, S. 477.

5 Marxistisch-leninistische allgemeine Theorie des Staates und des Rechts, Berlin 1974, Band 1, S. 302/3.

6 Zit. nach: Wissenschaft — Stellung, Funktion, a. a. O., S. 75.

7 „... wie euer Recht nur der zum Gesetz erhobene Wille eurer Klasse ist, ein Wille, dessen Inhalt gegeben ist in den materiellen Lebensbedingungen eurer Klasse". K. Marx, F. Engels, Werke Bd. 4, a. a. O., S. 447.

8 „Mit der Veränderung der ökonomischen Grundlage wälzt sich der ganze ungeheure Überbau langsamer oder rascher um. In der Betrachtung solcher Umwälzungen muß man stets unterscheiden zwischen der materiellen naturwissenschaftlich treu zu konstatierenden Umwälzung in den ökonomischen Produktionsbedingungen und den juristischen, politischen, religiösen, künstlerischen oder philosophischen, kurz ideologischen Formen, worin sich die Menschen dieses Konflikts bewußt werden und ihn ausfechten." K. Marx, „Zur Kritik der politischen Ökonomie" — Vorwort, in: K. Marx, F. Engels, Werke, Bd. 13, Berlin 1974, S. 9.

9 Vgl. Bericht des Zentralkomitees an den VIII. Parteitag der SED, Berichterstatter: Genosse Erich Honecker, Berlin 1971, S. 105.

10 Vgl. dazu R. Mocek, a. a. O., S. 86 ff.

11 J. D. Bernal schreibt u. a.: „Wissschaft kann aufgefaßt werden als Institution (1.1.), als Methode (1.2), als angehäuftes, überliefertes Wissen (1.3), als Hauptfaktor, um die Produktion in Gang zu halten und weiterzuentwickeln (1.4) und als einer der stärksten Einflüsse, welche Vorstellungen von Mensch und Welt und die entsprechende Weltanschauung formen." Die Wissenschaft in der Geschichte, Berlin 1961, S. 19.

12 W. Kalweit, Der Sozialismus — eine Herausforderung an die Wissenschaft, Einheit, 1979, Heft 5, S. 498.

13 Programm der Sozialistischen Einheitspartei Deutschlands, Berlin 1976, S. 45.

14 Vgl. Die Aufgaben des wissenschaftlich-technischen Rechtsschutzes bei der Gestaltung der entwickelten sozialistischen Gesellschaft, Abhandlungen der AdW der DDR, W 4/1977, Berlin 1977; Rechtsfragen der Leitung und Planung des wissenschaftlich-technischen Fortschritts, Abhandlungen der AdW der DDR, W 2/1978, Berlin 1978;

Staat, Recht, wissenschaftlich-technischer Fortschritt, Abhandlungen der AdW der DDR, W 1/1980, Berlin 1981. Bemerkenswert aber auch der Protokollband der 3. Tagung der Gemeinsamen Kommission der Ökonomen der UdSSR und der DDR: Ökonomische und soziale Probleme des wissenschaftlich-technischen Fortschritts, Abhandlungen der AdW der DDR, W 6/1978, Berlin 1978.

15 K. Hager, Sozialismus und wissenschaftlich-technische Revolution, Berlin 1972, S. 35.

16 Direktive des X. Parteitages der SED zum Fünfjahrplan für die Entwicklung der Volkswirtschaft der DDR in den Jahren 1981 bis 1985. Berichterstatter: Genosse Willi Stoph, Berlin 1981, S. 39.

17 Das kann in sich differenziert die Verbindlichkeit von Rechtsvorschriften sein, insbesondere von Gesetzen der Volkskammer und Beschlüssen der örtlichen Volksvertretungen oder auch von normativen Entscheidungen der Organe des Staatsapparates z. B. Verordnung des Ministerrates, Anordnungen von Leitern zentraler Organe, Beschlüsse der örtlichen Räte, es können auch normative Weisungen in Durchführung von Rechtsvorschriften sein.

18 GBl. 1968, Teil II, S. 997 ff.

19 GBl. 1969, Teil II, S. 317 ff.

20 K. Hager, Sozialismus, a. a. O., S. 35.

21 GBl. 1974, Teil II, S. 105 ff.

22 Vgl. dazu vor allem G. Lotze, Die rechtliche Regelung zur Durchsetzung des wissenschaftlich-technischen Fortschritts, in: Grundriß des Wirtschaftsrechts der Deutschen Demokratischen Republik, Martin-Luther-Universität, Halle—Wittenberg, Karl-Marx-Universität Leipzig, 1979, Band 2, 658 ff.; U. Dornberger, K. Hildebrandt, Rechtsfragen von Wissenschaft und Technik, in: Mit dem Recht leiten, 2. völlig überarbeitete Auflage, Berlin 1981, S. 109 ff.; R. Klar, Rechtsfragen internationaler Forschungseinrichtungen in den Mitgliedsländern des RGW, Berlin 1979.

23 R. Mocek, Gedanken. a. a. O., S. 133.

24 Vgl. Wissenschaft — Stellung, a. a. O., S. 107.

25 Siehe z. B. Aufgaben der Universitäten und Hochschulen in der entwickelten sozialistischen Gesellschaft, Beschluß des Politbüros des ZK der SED vom 18. März 1980, Neues Deutschland vom 20. März 1980, S. 3.

26 Vgl. Wissenschaft—Stellung, a. a. O., S. 47.

27 H. Hörz, Materialistische Dialektik und Wissenschaftsentwicklung, Sitzungsberichte der DDR, 6 G 1980, Berlin 1981, S. 22.

28 Nobelpreisträger Max Delbruck spricht in einem Interview, dem keineswegs in allen Aussagen gefolgt werden kann, sehr einprägsam von der „Besessenheitskomponente beim entscheidenden Akt der Forschung", vgl. Homo Scientificus nach Beckett, in: Neue Sammlung, Göttinger Zeitschrift für Erziehung und Gesellschaft, 1971, Heft 6, S. 542.

29 Vgl. dazu M. Benjamin, U.-J. Heuer, D. Seidel, E. Winklbauer, Staat, Recht und wissenschaftlich-technischer Fortschritt, in: Abhandlungen der AdW der DDR, W 1/1980, a. a. O., S. 17.

30 Zum Risikoproblem im Recht vgl. u. a. H. Hörz, D. Seidel, Verantwortung — Schöpfertum — Wissenschaft, Berlin 1981; U. Wilke, Risiko und sozialistische Persönlichkeit, Berlin 1977.

31 Siehe „Schriften und Informationen" des DDR-Komitees für Menschenrechte, Heft 1/1976, Berlin 1976, S. 18.

32 A. a. O., S. 56/57.

33 Vgl. H. u. G. Klenner, a. a. O., S. 45.
34 J. Kuczynski, Studien zur Wissenschaft von den Gesellschaftswissenschaften, a. a. O., S. 105.
35 N. Wiener, Mensch und Menschmaschine, 3. unveränderte Auflage, Frankfurt a. M., Bonn 1966, S. 110.
36 A. a. O., S. 109.
37 A. a. O., S. 123.
38 A. a. O., S. 126.
39 Vgl. Bericht des Zentralkomitees der Sozialistischen Einheitspartei Deutschlands an den X. Parteitag der SED. Berichterstatter: Genosse Erich Honecker, Berlin 1981. S. 51.

Sitzungsberichte
der Akademie der Wissenschaften der DDR

Inhaltsverzeichnis des Jahrgangs 1981

AKADEMIE-VERLAG · BERLIN
1981

Abteilung Gesellschaftswissenschaften

Nr. 1

Autorenkollektiv: Eine Jury für Jacques Roux. Dem Wirken Walter Markovs gewidmet

Nr. 2

Manfred Kossok: Vergleichende Geschichte der neuzeitlichen Revolution

Nr. 3

W. Weichelt, E. Poppe, U.-J. Heuer: Sozialistisches Recht und Demokratie

Nr. 4

Eduard Winter: Deutsch-slawische Wechselseitigkeit, besonders in der Geschichte der Wissenschaft / Deutsch-russische Wissenschaftsbeziehungen im 18. Jahrhundert

Nr. 5

Helmut Koziolek: Wissenschaftlich-technischer Fortschritt und ökonomische Kreisläufe

Nr. 6

Jürgen Treder: Friedrich Engels und die wegweisende Bedeutung der Philosophie für die Naturwissenschaft

Nr. 7

Hans Mottek: Zu den Entwicklungsgesetzmäßigkeiten des kapitalistischen Geldsystems

Nr. 8

Wolfgang Weichelt: Politische Macht und Demokratie im Sozialismus

Nr. 9

Eberhard Poppe: Sozialistisches Recht und Wissenschaft

Abteilung Mathematik—Naturwissenschaft—Technik

Nr. 1

Autorenkollektiv: Adsorption von Zeolithen

Nr. 2

W. Schirmer, H. Stiller, S. Franck, H. Vollstädt: Chemische Reaktionen unter hohem Druck

Nr. 3

Autorenkollektiv: Ausgewählte Probleme der physischen Chemie

Nr. 4

R. Münze, H. Hladik: Stand und Entwicklung der Aufarbeitung radioaktiven Materials

Nr. 5

Otto Henkel: Ungeordnete Festkörper — Ausgangspunkt neuer Werkstoffklassen

Nr. 6

Autorenkollektiv; Genese und Inhaltsstoffe von Kohlen und Erdöl

Nr. 7

Autorenkollektiv: Rauchen oder Gesundheit

Nr. 8

Klaus Meyer: Schichtbildungsprozesse an Metalloberflächen

Nr. 9

S. Röbert, S. Reuß: Lebensdauer und Wiederverwendung von Baustoffen

Nr. 10

W. Pompe: Zur Anwendung der akustischen Emissionsanalyse in der Festkörperphysik / *W. Morgner:* Die Einbeziehung der Schallemission in die Prüfung mechanisch und korrosiv beanspruchter Werkstoffe und Bauteile

Nr. 11

Gerd Lehmann: Tendenzen der Festkörpertheorie und ihre Bedeutung für die Werkstoffwissenschaft

Nr. 12

Fritz Markwardt: Neue Aspekte der fibrinolytischen Therapie

Nr. 13

Dagmar Hülsenberg: Vitrokeramik als Werkstoff in der Elektrotechnik/Elektronik

Nr. 14

Burkart Philipp: Holz — unerschöpfliche Rohstoffquelle?

Nr. 15

H.-H. Emons, W. Voigt: Zur Chemie geschmolzener Salze

Nr. 16

F. Wolf, H. Fürtig, R. Seidel, D. Krüger: Zur Synthese und Anwendung von Molekularsieben

Nr. 17

Helmut Koch: Über das Leben und Werk Johann Peter Gustav Lejeune Dirichlets zu seinem 175. Geburtstag

Nr. 18

Albert Wollenberger: Die nervale und hormonelle Regulation des Herzens. Biochemische Mechanismen

Nr. 19

Autorenkollektiv: Grundlagenforschung und angewandte Forschung. Dem Wirken Kurt Schwabes gewidmet

Nr. 20

U. Hofmann, W. Schellenberger, K. Eschrich: Alternative stationäre Zustände und Hysterese in einem rekonstruierten glykolytischen Enzymsystem

Nr. 21

Manfred Schubert: Zur Entwicklung abproduktarmer bzw. — freier Verfahren in Einheit von Umweltschutz, Material- und Energieökonomie

Nr. 22

Autorenkollektiv: Kolloquium zum 75. Geburtstag von Robert Rompe

Lizenznummer: 202 · 100/49/82
Gesamtherstellung: VEB Druckhaus Köthen

Bei Fragen zur Produktsicherheit wenden Sie sich bitte an:
If you have any questions regarding product safety,
please contact:

Walter de Gruyter GmbH
Genthiner Straße 13
10785 Berlin
productsafety@degruyterbrill.com